AF355595

HANS-CLAUS EWEN

El duelo

EL PROCESO DE SUPERAR LA PÉRDIDA

MÚSICA Y LETRAS

El duelo. El proceso de superar la pérdida.
© Hans-Claus Ewen, 2015

ISBN 978-3-9819407-7-0

Diseño y maquetación: Edmundo Hernández

Todas las citas bíblicas son tomadas de la
versión Reina-Valera de 1995 (RVR95)
a menos que se indique otra cosa.

WWW.ES.HANS-EWEN.DE
Facebook: Hans Ewen en español
Instagram: @hansclausewen
Youtube: Hans-Claus Ewen

@musicayletra_producciones

AGRADECIMIENTOS

Gracias a mi segunda esposa Ester por el valor de casarse con un hombre que aún estaba en el proceso del duelo. Le agradezco el haberse convertido en mi mayor apoyo.

Gracias a Annedore Leisering por el permiso de usar su foto, y al artista Werner Schabbach por haber hecho la cruz.

RECOMENDACIONES

Una de las experiencias más difíciles de la vida es cuando un ser querido parte a la presencia de nuestro Dios. En mi caso, al igual que el autor, perdí a mi esposa. La compañía y ayuda de la iglesia, familiares y amigos, hizo más llevadero el momento, pero después de una semana me comencé a preguntar «¿Cómo se vive esto?, ¿y ahora qué sigue?». También tenía otros cuestionamientos: «¿Cómo hizo aquella hermana?», o «¿cómo hizo aquel pastor?».

En medio de mis propias incertidumbres me di cuenta de que como pastor no había dado una respuesta a la necesidad de mi congregación ni a algunos amigos que habían pasado por este proceso. Fue cuando recibí una llamada y visita del pastor Hans–Claus quien me compartió este material que ahora tienes en tus manos. Al estar leyendo era como si él supiera todo lo que yo estaba pasando y me sirvió como una guía en mi propio proceso de duelo.

Mientas leía reflexionaba en el hecho de que no hay casi materiales acerca del duelo desde la perspectiva cristiana.

Entendí que este material podría ser una gran ayuda para todos los que como yo, han vivido una gran pérdida, así que comencé a compartirlo con varios amigos y conocidos que estaban pasando ese dolor. El aporte de este material tiene un especial valor para todos los que estamos viviendo el proceso.

Gracias pastor Hans-Claus Ewen por su aportación a la pastoral en esta sensible área. Creo que este libro será de gran ayuda para cada persona que atraviese, como nosotros, este proceso de duelo.

Rubén Ojeda (Pastor con 35 años de experiencia, maestro y director de la Universidad Oasis Campus México, Ciudad de México).

Creo sinceramente que el tema del duelo dentro de la iglesia no se ha abordado lo suficientemente a fondo y tampoco se ha tratado a los dolientes con la delicadeza y sabiduría necesarias, seguramente por desconocimiento, y es por eso que considero tan importante y necesario este material escrito por Hans-Claus Ewen.

La muerte de un hijo o del cónyuge es una de las situaciones más estresantes a la que el ser humano puede estar sometido y solo aquellos que lo han atravesado pueden identificarse con este terrible dolor. Y Hans, como él mismo nos explica, conoce este sufrimiento ya que lo ha padecido en su propia carne.

Pero él mismo, por haberlo atravesado, nos enseña las diferentes emociones y sentimientos que van surgiendo a lo largo de este proceso llamado duelo.

Muchos dudan de la bondad de Dios e incluso le culpan al sentirse abandonados por Él. Pero no nos escandalicemos ya que todo esto es parte del proceso: la ira, la rabia y la culpa, ¡pero hay esperanza! Él es nuestro ayudador y nos comprende.

Pero es importante que la iglesia acompañe sin juzgar a aquellos que han sufrido la pérdida de un ser querido. La sociedad sufriente necesita del abrazo de Dios, y nosotros los que formamos parte de su iglesia, debemos ir a su encuentro y abrazarla. Sé que este libro será de gran ayuda tanto para todos aquellos que estén atravesando su propio duelo como para los que quieren acompañar a los dolientes.

Yo también, hace unos años, perdí a mi hijo mayor, víctima de un accidente de submarinismo. Atravesé todas estas etapas de las que habla Hans.

Gina Campalans (Presidenta de la Asociación de Ayuda al Duelo: Decir Adiós, en Ibiza, España).

«Bienaventurados los que lloran,
porque serán consolados»

(Mateo 5:4 LBLA)

ÍNDICE

INTRODUCCIÓN

Aunque muchos usan los términos *luto* y *duelo* como si fueran sinónimos, **existen algunas diferencias**: el **luto** es la manifestación externa de las personas después de una pérdida (un ejemplo seria la manera de vestirse). Mientras que el **duelo** es la reacción emocional, física y espiritual en respuesta a la pérdida de un ser querido u otro tipo de pérdida. Para la reflexión que compete a este libro el énfasis está sobre el aspecto del duelo.

Al escribir estas líneas no lo hago solamente como pastor, sino también como alguien que ha perdido a varias personas queridas en un lapso corto de tiempo: en el año 2006 falleció mi madre; en el 2008 mi primera esposa Teresa con solamente 54 años, en el 2011 mi hermana mayor con 64 años, y en 2013 mi cuñado.

Yo creo que los entierros y los cementerios son *predicadores* que confrontan a las personas con tres preguntas que cada una debería poder contestar para sí misma:

1. ¿De dónde vengo?
2. ¿Por qué y para qué vivo?

3. ¿A dónde voy?

El hecho de que la muerte es inevitable debería motivar a todos a buscar las respuestas a esas preguntas. La Biblia, en definitiva, nos puede ayudar con eso porque contiene las respuestas más lógicas y convincentes, si uno las quiere aceptar.

Mateo 5:4 contiene una aparente contradicción: ¿estar feliz y triste al mismo tiempo?, ¿eso es posible? Antes de abordar de lleno el tema de estar de duelo, necesito hablar de algunas otras cosas primero.

Originalmente Dios no quería que los seres humanos conocieran la diferencia entre el bien y el mal (**Génesis 2:16-17**). Dios mismo estaba consciente de esta bipolaridad desde la caída de Satanás (**Isaías 14:12-14**; **Ezequiel 28:12-15**). Pero aparentemente Él sabía que no era bueno que el ser humano tuviera conocimiento de ello. El plan era que el hombre, como representante de un Dios exclusivamente bueno, llevara este bien a ese planeta desde el jardín del Edén (**Génesis 1:28**).

Ya conocemos la triste historia: La caída del hombre produjo o trajo como consecuencia que los seres humanos conocieran una nueva realidad: la muerte, lo cual es lo contrario de la vida y, así también, lo contrario del bien.

Después de la mala decisión de Adán y Eva aparecieron situaciones hasta ese momento desconocidas: conflictos, miedos, vergüenza, tozudez, culpabilidad, acusaciones y una huida del Creador de quien eran hijos. El hombre había abierto una puerta que no podría cerrar por sí mismo.

Entiendo que Dios no fue sorprendido por lo que pasó pero, por su misericordia, tuvo que desterrar al hombre del paraíso con el propósito de protegerlo y de que su plan de salvación pudiera funcionar. Si el hombre hubiera comido del árbol de la vida en su estado caído, probablemente se habría perdido para siempre. «Luego dijo Jehová Dios: «El hombre ha venido a ser como uno de nosotros, conocedor del bien y el mal; ahora, pues, que no alargue su mano, tome también del árbol de la vida, coma y viva para siempre» (**Génesis 3:22**). Para indicar las terribles conclusiones aquí no expresadas el autor hebreo no usó un punto al final de este versículo sino dos puntos (:).

El plan divino para salvar a la humanidad ahora tenía que incluir la dimensión del conocimiento del bien y del mal. La historia rápidamente empezó a demostrar que el hombre tendía a inclinarse al lado malo. Entre el primer fraticidio y el tiempo de Noé, la maldad de los hombres había aumentado tanto que Dios tuvo que aniquilar a todos con la excepción de Noé y su familia. El pecado siempre empieza en lo pequeño, y si uno no lo resiste, le destruye completamente. Lo que dice el **Cantar de los Cantares 2:15** es revelador en este sentido: «¡Cazadnos las zorras, esas zorras pequeñas que destruyen las viñas, nuestras viñas en cierne!».

La caída en pecado, que originalmente solo consistió en que Adán y Eva comieran de la fruta prohibida del árbol del conocimiento del bien y del mal, en el tiempo del diluvio había llegado al colmo. Lo que se inició con una mala acción, terminó con una humanidad tan pervertida que las 24 horas del día su corazón pensaba en hacer lo malo. Miremos lo que dice **Génesis 6:5**: «Vio Jehová que la maldad de los hombres era mucha en la tierra, y que todo designio de los pensamientos de su corazón solo era de continuo el mal».

El hombre había llegado a ser malvado de manera irreparable y la única forma de salvarlo era un nuevo nacimiento. **Jeremias 17:9** declara que la condición del corazón humano es incurable. Cuando Jesús le dice a Nicodemo: «Os es necesario de nacer de nuevo» (**Juan 3:17**), no se estaba refiriendo al hecho que el hombre hace cosas malas, sino que es malo.

La nueva creación en Cristo es algo genial ya que no solo incluye el perdón de pecados y de culpa, sino una nueva naturaleza perfecta la cual tiene el poder de enfrentarse al gran conflicto del bien y del mal. La palabra griega traducida como *nueva* en **2ª Corintios 5:17** implica que se trata de algo que nunca antes existía, un prototipo. Sin esta nueva naturaleza el hombre no tiene la fuerza para vencer al mal, y es esclavo del pecado. Pero cuando es renacido en Cristo recibe el poder de lo alto para incluso convertir el mal en algo bueno. Para subrayar esta realidad leamos los siguientes dos versículos: «Sabemos, además, que a los que aman a Dios, todas las cosas los ayudan a bien, esto es, a los que conforme a su propósito son llamados» (**Romanos 8:28**), y, «No seas vencido de lo malo, sino vence con el bien el mal» (**Romanos 12:21**).

La misión de nuestro Señor Jesús es también quitar los efectos negativos del pecado por medio del poder del Espíritu Santo. Jesucristo fue hecho pecado por nosotros (quiere decir que no únicamente cargó con nuestros pecados), y por esto nosotros sus seguidores podemos vivir como justos sin culpa delante de Dios. ¡Asómbrate al leer **2ª Corintios 5:21**!: «Al que no conoció pecado, por nosotros lo hizo pecado, para que nosotros seamos justicia de Dios en él». En la persona de Jesús y en su cuerpo el pecado fue castigado. Por su resurrección Él le quitó además a la muerte su aguijón (**1ª Corintios 15:55-57**).

Mientras que antes de Cristo el sufrimiento humano y la muerte significaban el fin, ahora en Cristo pueden llegar a tener un significado mayor. El físico Alemán Max Thürkauf dijo: «El sufrimiento en el mundo no disminuyó por la venida de Cristo, pero ha llegado a tener sentido[1]». Por esto podemos entender a lo que Jesús se refería en **Mateo 5:4**: «Bienaventurados los que lloran».

Fotografía de: **Annedore Leisering**
Hace años, cuando aún pastoreaba en Alemania, encargué una cruz a un artista de mi iglesia. Cuando me la entregó, me tocó mucho el diseño que le había dado. Como se puede apreciar en esta foto tiene un espacio abierto en el interior con la misma forma de la cruz, el cual yo percibí como una puerta.
El sufrimiento de Cristo llegó a abrirnos la puerta a una nueva realidad, una nueva etapa de vida. Nuestros sufrimientos, como por ejemplo la pérdida de un ser querido, también tienen el potencial de convertirse en puertas a nuevas dimensiones.

---

[1] http://dreifaltigkeit-altdorf.de/zitate.htm

1. LOS SENTIMIENTOS DE DIOS

Muchas personas, cristianos incluidos, se preguntan cuál será el papel de Dios cuando se ven confrontados con la pérdida de una persona querida. Hay mucha gente que supone que Dios no tiene sentimientos, o bien, que no le interesan los nuestros. A pesar de que la Biblia está llena de descripciones de los sentimientos divinos, pocos se pueden imaginar a Dios como un ser emocional.

Por esto, antes de hablar del duelo humano, quiero mencionar algo que para muchos puede ser sorprendente: Los sentimientos "negativos" de Dios.

Dios tiene sentimientos que nosotros calificaríamos como negativos. La habilidad humana de sentir cosas negativas viene de la creación. Dado que fuimos creados a su imagen podemos concluir que todo el espectro de las diferentes emociones humanas también debe existir en nuestro creador. La única diferencia es el hecho que los sentimientos negativos de Dios son santos y justos. En nuestro caso los sentimientos negativos pueden ser egoístas y pecaminosos.

Por eso es que Pablo exhorta en **Efesios 4:26**: «Airaos, pero no pequéis». Una vez que estudié este tema, encontré
los siguientes sentimientos "negativos" en Dios (y también
en Jesús):

* Ira
* Remordimiento
* Celos
* Asco
* Odio
* Estar harto
* Duelo

Nuestro Dios además de esto también conoce la tristeza y
el dolor de corazón, leamos **Génesis 6:6**: «Y se arrepintió
Jehová de haber hecho hombre en la tierra, y le dolió en su
corazón». Esta descripción del estado sentimental de Dios
debido a la pecaminosidad del hombre obviamente era una
forma de duelo. Dios sufrió una pérdida muy dolorosa
cuando Adán y Eva pecaron, y obviamente no reaccionó
con indiferencia.

Podemos ver, entonces, que desde su principio La Palabra
de Dios nos confronta con estos sentimientos negativos de
Dios. En el versículo de Génesis que hemos mencionado
encontramos «arrepentimiento» y «dolor» de corazón.
Viendo el contexto podemos decir que Dios puede lamentar
decisiones, puede sentir remordimiento, tristeza y pesar.
Dios tiene un corazón y este corazón sufre. El término
hebreo traducido con «le dolió» es interesante. Significa
«grabar» como los cortes que un artista le hace a un
pedazo de madera para convertirla en una estatua. Dolor de
corazón entonces es sufrir cortes en el corazón. Esto duele.
La maldad del hombre le duele a Dios, y se arrepiente de
haber hecho al hombre. Debemos recordar que cuando
Dios acabó la creación en **Génesis 1**, la describió en el

versículo 31 como «bueno en gran manera». El hebreo usa aquí un término que se podría traducir con una exclamación como ¡Guau! Recordando la perfección y hermosura original del hombre nos hace entender los fuertes sentimientos negativos del creador cuando el hombre se pervirtió.

El corazón de Dios es herido cuando los hombres hacen exactamente lo contrario del propósito divino de su creación: pecado, egoísmo, egocentrismo, terquedad y el deseo maligno de independizarse de Él. Como Creador y Padre Eterno Dios también se duele cuando ve a los hombres sufrir las consecuencias negativas de sus malas decisiones. Todo el sufrimiento del mundo, toda enfermedad, toda violencia, toda injusticia y a fin de cuentas la misma muerte tienen su origen en la caída.

Para continuar hemos de echar un vistazo al versículo que se le conoce por ser el más corto de la Biblia, **Juan 11:35**: «Jesús lloró». Al leerlo debemos preguntarnos, ¿Por qué lloró? El contexto es la historia de la muerte y resurrección de Lázaro después de cuatro días. Jesús mandó a avisar a las hermanas de Lázaro que no se preocuparan, cuando su hermano todavía estaba vivo (**Juan 11:1-4**). Al morir Lázaro, Jesús se dirige a Betania para resucitarlo de los muertos. En el camino a la tumba Jesús llora, a pocos minutos de realizar el gran milagro. Jesús sabe lo que va a hacer, sin embargo llora. ¿Qué fue lo que pasó? Leamos lo que dice el evangelio más adelante (**Juan 11:33-38**): «Jesús entonces, al verla llorando y a los judíos que la acompañaban, también llorando, se estremeció en espíritu y se conmovió, y preguntó: —¿Dónde lo pusisteis? Le dijeron: —Señor, ven y ve. Jesús lloró. Dijeron entonces los judíos: —¡Mirad cuánto lo amaba! Y algunos de ellos dijeron: —¿No podía este, que abrió los ojos al ciego, haber hecho también que Lázaro no muriera? Jesús, profundamente conmovido otra vez, vino al sepulcro. Era una cueva y tenía una piedra puesta encima». No es muy lógico suponer que Jesús haya llorado por lo que le pasó a Lázaro. El texto revela que Jesús reaccionó tan emocionalmente, al observar el sufrimiento que causó esta pérdida en la vida de sus hermanas y amigos. Ellos habían hecho lo posible para evitar la muerte, habían orado y esperado hasta el último momento. Personalmente creo que Jesús como creador ahora en forma humana recordó que el ser humano no había sido creado para pasar por estos sufrimientos. Sintió mucho dolor por los dolores innecesarios que el pecado había traído sobre los seres humanos que con tanto amor creó.

Cuando nosotros entramos en el proceso del duelo, podemos conocer una característica de la naturaleza divina. Dios conoce tanto el dolor, como el sufrimiento que causan las pérdidas. Lo experimentó con el primer Adán cuando se rebeló, y con el postrer Adán cuando murió en la cruz. En el duelo nos identificamos con el corazón de Dios.

2. ESTAR DE DUELO

Te propongo la siguiente idea: **estar de duelo es una actividad, no es solo un estado emocional.** Así que si nos toca estar de duelo, es importante que lo hagamos correctamente.

La primera observación necesaria es reconocer que la bienaventuranza en **Mateo 5:4** no es para los que están tristes, sino para los que lloran. La tristeza es una **condición emocional, estar de duelo es una actividad.** Un ladrón puede estar triste porque no fue capaz de robar lo que quería, pero esta tristeza seguramente no experimentará una bienaventuranza. La tristeza por un ser querido puede llegar a durar años e incluso en ocasiones no desaparecer. Ser activo en el proceso del duelo, depende de las decisiones que uno toma.

Cada pérdida duele. Puede tratarse de cosas que se destruyen como el trabajo, la salud o un perro muy querido. Perder a un ser querido, que no puede ser restituido como algo material, por supuesto, es mucho más doloroso. La palabra **duelo** se deriva de dolor, y este es el gran desafío que tenemos que enfrentar. La palabra griega traducida con «los que lloran» en primer lugar es un verbo, entonces es algo que se hace. Abarca los sentimientos de dolor de corazón, pesadez y sufrimiento. En un comentario sobre el término griego alguien escribe: «Un dolor que es demasiado grande para tenerlo en secreto»[2]. El duelo puede y debe expresarse en luto, o sea en público. Cada cultura y cada época han tenido formas de cómo mostrar su dolor, y la gran mayoría se deberían de respetar. En la Biblia encontramos el siguiente ejemplo (**Deuteronomio 34:8**): «Lloraron los hijos de Israel a Moisés en los campos de Moab treinta días; así se cumplieron los días de llanto y de luto por Moisés.». (Otro ejemplo está en **Números 20:29**). Israel, entonces se dio un mes completo para expresar libre y públicamente su dolor. Llorar es parte del proceso del duelo (**Marcos 16:10; Santiago 4:9**), pero solamente es un aspecto del duelo. Sin embargo, mientras haya lágrimas, uno las debe dejar fluir.

En Alemania, mientras yo crecía, la gente se vestía de negro para mostrar que estaba de duelo. Otra costumbre alemana es la de unir los dos anillos del matrimonio en uno solo. Yo lo hice de forma simbólica ya que me permitió iniciar mi proceso de despedida. Es importante mencionar que para el duelo y para el luto no existen reglas, y realmente no hay nada correcto o incorrecto. Es un asunto personal y es un proceso individual.

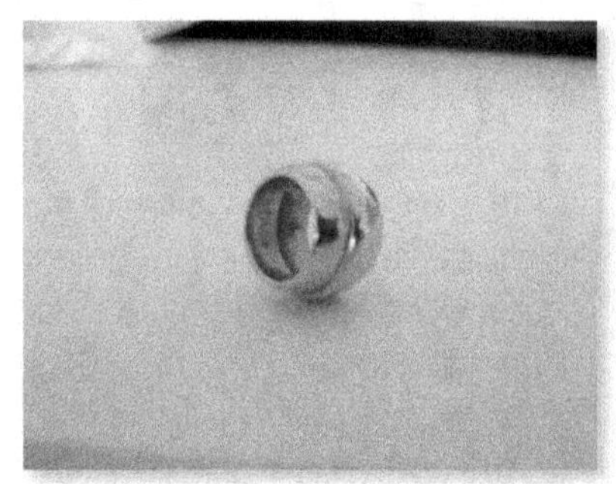

---

2 Vincent's Word Studies in New Testament, comentario sobre **Mateo 5:4**. en ACCORDANCE (versión 12.3.6).

El único error que se puede cometer es la decisión de no enfrentarse conscientemente al dolor. El duelo es principalmente una actividad, sólo en segundo lugar es un estado de ánimo.

El plural «los que lloran» seguramente se usó a propósito. En el judaísmo el duelo (o luto) siempre ha sido un asunto colectivo. Es obvio que Dios no quiere que las personas lo atraviesen solas. Yo, personalmente, creo que los dolientes necesitan a personas que les acompañen durante el proceso. Es preferible que sean personas quienes ya hayan pasado por esta experiencia, o bien que sean profesionales en consejería. Los dolientes pueden cometer errores en el proceso, de los cuales los consejeros les pueden guardar.

El estar de duelo según los consejeros profesionales y psicólogos muchas veces también es llamado «trabajo de duelo». Dependiendo de la cultura se calcula que puede tener una duración de entre tres y siete años. El tiempo que durará lo determinará el individuo. Sin embargo la famosa frase «El tiempo sana todas las heridas», solamente en parte es correcta. Personas quienes se niegan a hacer el trabajo de duelo pueden resultar inconsolables como menciona el **Salmo 77:2**: «Mi alma rehusaba consuelo». Así pueden terminar amargados y su duelo se puede llegar a hacer crónico. El consuelo que Dios ofrece, tiene que ser recibido. El propósito divino en los procesos de duelo es obtener una mayor revelación de Dios la cual nos hará más agradecidos. La amargura es una evidencia que demuestra que el proceso de duelo no se ha atravesado de manera saludable.

En mi propio trabajo de duelo por la muerte de mi primera esposa después de casi 28 años de matrimonio, puedo decir que atravesé por diferentes experiencias que quisiera compartir contigo, no sin antes decir que entiendo que el proceso de duelo es muy personal y puede ser que no todos los puntos se apliquen a todos aquellos que han perdido a algún ser amado.

3. DUELO Y DOLOR

Algunos han tenido la experiencia de que después de ser operados de un tobillo o de una rodilla necesitaron acudir a sesiones de fisioterapia. Si uno quiere recuperar la movilidad completa de una articulación es necesario resistir los dolores de la rehabilitación. Al principio uno piensa que el dolor es insoportable y que le va a producir más daño, pero con el tiempo se experimenta la mejoría. Naturalmente la articulación no se puede tensar todo el tiempo, por ello es necesario hacer pausas. Este ejemplo se aplica al trabajo de duelo. Uno no puede ni debe *trabajar* todo el tiempo sin hacer descansos. Pero... vayamos paso a paso.

Después de superar el estado de shock empieza el verdadero trabajo de duelo. Cada uno experimenta el shock con distinta intensidad, y este puede durar mayor o menor tiempo según la persona que lo viva. Se refiere al tiempo durante el cual los dolientes no han asumido verdaderamente la pérdida sufrida o bien el hecho que no están dispuestos a aceptarla. Uno se siente como si estuviera fuera de sí mismo observando lo que pasa. Por dentro predomina el pensamiento: «¡no puede ser cierto!» Muchos esperan que lo sucedido sea nada más una pesadilla y que pronto despertarán de ella descubriendo que no pasó nada.

Muchos dolientes no se dan cuenta que el estrés alrededor del entierro realmente es una ayuda. Uno tiene que funcionar a pesar de no tener ningún deseo de funcionar. Los muchos quehaceres que tiene que enfrentar, como por ejemplo la documentación legal, las diferentes decisiones que hay que tomar o asumir y los preparativos relacionados al entierro (la cita con el pastor, la elección de la funeraria, la caja, los arreglos florales, las comidas, invitaciones y tarjetas) son buenos y hasta necesarios para que los dolientes puedan salir poco a poco del estado de shock y empezar a aceptar la nueva realidad.

Este contacto con la realidad es muy doloroso, pero a largo plazo es indispensable. Las primeras semanas después de la muerte están llenas de citas y cosas relacionadas con el difunto y se tienen que afrontar. Esto incluye asuntos de seguros, jubilaciones, cancelación de contratos, cuentas bancarias, etc. Los familiares más cercanos tienen que ocuparse de todo esto, y es, como ya dije, doloroso pero necesario. En término de varias semanas, sin embargo, todo queda arreglado y la vida diaria normal toca la puerta.

Después del shock comenzará una fase del trabajo de duelo que implica fuerza de voluntad. Esto quiere decir que las ocasiones que nos obligan a enfrentar el dolor disminuyen, y ahora uno mismo tiene que tomar la decisión de hacerlo. En esta fase es muy sabio que el doliente tenga a alguien que le acompañe y aconseje.

Las formas de enfrentarse al dolor pueden variar debido a que ninguna biografía ni ninguna convivencia es idéntica a otra. Permíteme comentarte mi caso: un consejero me dijo que escribiera una lista de todo que había perdido con la muerte de Teresa. Mientras escribía las palabras de esta lista era como si me despedazaran el corazón. Lloré durante horas. Apunté por ejemplo las comidas que nunca más iba a comer, la sensación de escuchar su voz mientras cantaba por toda la casa... Dolía demasiado, pero junto con ese dolor se produjo el comienzo de mi sanidad.

Teresa y yo habíamos cometido el error de no despedirnos bien antes de que se muriera. Habíamos esperado un milagro hasta casi último momento. En sus últimos dos días empeoró muy rápido, y perdió la conciencia. La falta de una buena despedida causa un problema en los que se quedan. Lo que yo hice, fue escribirle una carta de despedida en el día de nuestro aniversario de boda. Sabía que tenía que hacerlo algún día, pero decidí hacerlo en esta fecha especial aproximadamente tres meses después de su partida. Me llevó hora y media escribir esta carta, lloré copiosamente todo el tiempo, y sentía otra vez como si se me partiera el co-razón. Cuando la terminé sentí que había dado un paso significativo hacia adelante. Sabía que me faltaban más pasos para dar, pero este había sido muy importante.

Teresa Aracely López de Ewen (2 oct 1953 - 9 abr 2008)

4. LA BONDAD DE DIOS

Para los creyentes el dolor de una pérdida a veces se ve aumentado por preguntas tales como «¿por qué Dios no lo evitó?», o «¿cómo pudo permitir que esto sucediera?».

En la teología este dilema se llama *teodicea*: presuponiendo que nuestro Dios es todopoderoso y a la vez bueno y misericordioso, entonces ¿por qué permite el sufrimiento y no interviene teniendo el poder para hacerlo? Desde la perspectiva limitada que tenemos como seres humanos, y el dolor individual que sentimos, posiblemente no habrá una respuesta satisfactoria en esta vida. La ayuda que necesitamos en este punto del trabajo de duelo solamente la podemos encontrar en el contacto directo con Dios, es decir, necesitamos una revelación, una palabra directa que salga de la boca de Dios a nuestros corazones. Cada intento de explicarlo teológica, filosófica o teóricamente dejará sin respuesta algunas preguntas o producirá otras.

En pocas palabras, se trata de superar el sentimiento o la idea de que Dios no es absolutamente bueno y justo. La pregunta que surge es «¿habrá manchas oscuras en la naturaleza divina?». El hecho de que la Biblia contradiga esto claramente («Dios es luz, y no hay ningunas tinieblas en él» (**1ª Juan 1:5, Santiago 1:17**), no resulta de mucha ayuda a los dolientes en la fase más aguda del dolor. ¡Y es que el dolor es a menudo tan grande que no nos permite reconocer grandes verdades como el hecho de que el cristianismo surgió del sufrimiento indecible de Dios en la persona de nuestro Señor Jesús!

Tengo que reconocer que después de la muerte de Teresa pasé por un tiempo en el que no podía cantar canciones en las que aparecía la frase «Dios es bueno». Dios comprende estas temporadas en nuestra vida.

Pero en ese punto, ¿qué fue lo que me sacó adelante? Lo que en realidad me ayudó fue una observación bastante simple: la cuestión de la bondad de Dios no es en primer lugar un asunto de experimentarla, sino un asunto de fe. Me explico: **Romanos 1:17** dice que «el justo por la fe vivirá». Si yo puedo **creer** en el fondo de mi corazón que Dios es bueno, entonces también tendré la confianza de aferrarme a esta verdad cuando suceden cosas que desde mi punto de vista parecen pesadas o malas. Para mí fue muy liberador el no tener que entender o explicar la bondad de Dios. Aunque uno sabe estas cosas en la teoría, la revelación transporta la verdad al corazón y una vez allí se trata del humilde reconocimiento de que nosotros, a diferencia de Dios, no tenemos toda la información disponible.

Dios realmente me había preparado sobre este punto antes de la muerte de mi esposa. Le había pedido al director nacional de nuestra federación de iglesias, que usando como referencia **Romanos 8:28** («todas las cosas los ayudan a bien»), orara por Teresa. Lo que me contestó fue con el tiempo un aliciente para salir adelante: me dijo que sí que lo haría, pero también añadió que «debería dejarle a Dios que definiera ese bien».

5. LOS SENTIMIENTOS DE CULPA

Una de las consecuencias más dolorosas de la caída de Adán y Eva es el impulso interno de identificar a un culpable. Adán culpó tanto a Eva como a Dios; Eva, por su parte, culpó al diablo (**Génesis 3:12-13**). La cuestión de la culpabilidad acompaña a la humanidad también en el siglo XXI cada vez que algo va mal. Es el resultado automático que se da si la conciencia solamente se mueve en las dimensiones del bien y del mal.

En los dolientes pueden surgir sentimientos de culpa. Estos se pueden basar en una culpa real o imaginaria (lamentablemente el sentimiento es el mismo) y deben superarse lo antes posible. Preguntas como la siguientes, que solo son ejemplos, pueden surgir: «¿hemos hecho todo lo posible?», «¿nos hemos pedido perdón?», «¿hemos buscado a Dios lo suficiente?».

Hay casos de muertes repentinas e inesperadas (por ejemplo un accidente o un ataque al corazón) en los cuales ha sido imposible despedirse de la persona que se fue. En otros casos (enfermedades padecidas por una larga temporada) posiblemente no se han despedido porque no fueron capaces de hablar del tema, no se dieron el tiempo, o había una verdadera imposibilidad por parte del enfermo.

Los dolientes que no pudieron despedirse bien (voluntaria o involuntariamente), suelen sufrir más, particularmente por el desafío de los sentimientos de culpa.

Una vez más, podemos encontrar la paz sólo en y con Dios. Si hubo fallos reales, entonces tenemos que llevar esta deuda con Dios en la oración y recibir Su perdón de manera directa.

Cuando perdemos a un ser querido rápidamente nos damos cuenta que hemos malgastado mucho tiempo con peleas innecesarias, actitudes y acciones egoístas. Pensar en todo esto resultó en una carga muy fuerte para mí, y me llegué a sentir indeciblemente culpable. Aunque habíamos tenido un buen matrimonio, y al final no teníamos nada qué perdonarnos, me puse a pensar en todo lo que como marido habría podido hacer mejor. Era sofocante para mí pensar en las muchas pequeñeces, a veces ridículas, sobre las cuáles habíamos luchado durante décadas. Sufrí mucho pensando en esto. ¿Por qué me había comportado de forma tan extraña con mi esposa?

Me pareció muy difícil perdonarme a mí mismo. Que Dios me perdonaba, eso lo sabía. Teresa también siempre me había perdonado, eso tampoco era el problema. Lo que me libró de estos dolores de conciencia y corazón fue una palabra de Dios que te explico a continuación.

En julio del 2008 asistí a un retiro para pastores y misioneros en Michigan, EE.UU. Durante las conversaciones diarias con un consejero profesional muchas situaciones salieron a la superficie. Me vi obligado a enfrentarme a mi dolor. Había tomado la decisión de participar porque quería iniciar el llamado «trabajo de duelo» de manera consciente. Lo que no me imaginaba era cuán duro iba a ser este trabajo.

Durante las semanas anteriores al retiro estuve viajando mucho lo cual me distrajo bastante. Visité a unos amigos en California y participé en dos conferencias cristianas, de esa manera me mantuve con la mente ocupada. Me parecía sentirme bien considerando que Teresa tenía muy poco tiempo de haberse ido al cielo.

Durante el retiro empezó el verdadero trabajo de duelo, y fue muy, pero que muy duro. Empecé a llorar mucho otra vez y, además de sentir el dolor de la separación de manera más contundente, volví a tener un fuerte sentimiento de culpa. Una de mis grandes debilidades, por la cual había sufrido mucho desde mi más tierna infancia, era lo que solemos llamar rabietas, el problema es que de vez en cuando también podían resultar algo violentas. Aunque con la edad me había vuelto cada vez más tranquilo y relajado, mi esposa sufrió casi 29 años bajo esa ira latente dentro de mí. Desde mi conversión en agosto de 1979 había intentado todo para ser libre de estos ataques de ira: la oración, el ministerio de liberación de demonios, ayunos, consejería pastoral, o sea, el "programa completo", sin embargo el éxito de dicho "programa" fue limitado. Durante una de mis conversaciones con el consejero en Michigan le pregunté, que cómo era posible que un niño pudiera tener estallidos tan brutales como las que yo había tenido. Me pidió que le describiera las circunstancias de mi niñez, la respuesta que le di la elaboré con los siguientes datos:

A mi padre prácticamente no lo había conocido porque siempre estaba muy enfermo y pasaba mucho tiempo en hospitales y centros de rehabilitación.... Murió cuando yo tenía seis años. Mi madre siempre había trabajado en la empresa familiar, un aserradero, del cual llegó a ser la jefa al ausentarse mi padre. Como consecuencia la vi muy poco y por desgracia a menudo regresaba a casa muy borracha por las noches. En este momento el consejero hizo un comentario que cambió mi vida: «Podríamos decir que no tenías ni padre, ni madre. ¡Con razón que estabas tan lleno de ira!». Esta frase fue como un golpe que resultó ser tan duro como sanador, y quedé inmediatamente libre de este problema contra el cual había luchado por más de 30 años como cristiano. Ni siquiera hicimos una oración. Desde entonces no he tenido una sola rabieta más. Supongo que fue el hallazgo de que mi enojo original (de niño) estaba justificado, lo que me liberó de manera tan completa. «Airaos, pero no pequéis», (**Efesios 4:26)** escribió Pablo.

Los que todavía quedaban pendientes eran los sentimientos de culpa que tenía en cuanto a mi mal comportamiento con Teresa. ¡Dios fue misericordioso conmigo! Un día yo estaba haciendo cola en la caja en un supermercado en Kalamazoo, Michigan, y Dios me reveló que Teresa ahora podía entender en el cielo, por qué yo había sido así toda mi vida. Esta breve "mirada al cielo" consiguió que yo alejara toda culpa de mí y... ¡me sentí libre por fin!

Librarse de sentimientos de culpa es muy importante, pues afecta no solamente el pasado, sino también el futuro de los dolientes. La promesa de Dios para todos los que lloran es la siguiente: «Has cambiado mi lamento en baile; me quitaste la ropa áspera y me vestiste de alegría. Por tanto, a ti cantaré, gloria mía, y no estaré callado.» (**Salmos 30:11-12**). Dios planea una felicidad futura para nosotros. Los sentimientos de culpa serían grandes tropiezos para aceptar la felicidad del futuro. Nuestra conciencia debe estar totalmente libre si queremos disfrutar de ella.

Al comienzo del proceso de duelo uno no se lo puede llegar a imaginar. Un hermano me dijo un par de semanas después de la muerte de Teresa proféticamente: «El Señor me dice que usted todavía va a tener una buena vida». A pesar de que esta declaración era verdad (que en los próximos años también fue confirmada), yo no era capaz de recibirla en este momento. Me puse muy triste y caí por un corto periodo de tiempo en un "hoyo oscuro". Hoy entiendo que no era capaz de recibir este mensaje por que yo aún no podía pensar en un futuro feliz. Ese todavía era tiempo de llorar. «Gozaos con los que se gozan; llorad con los que lloran» (**Romanos 12:15**).

Ser libre de sentimientos de culpa ayuda también a manejar un fenómeno que puede suceder a todos los que están de duelo: es posible tener dos sentimientos que se contraponen el uno al otro. Esto puede pasar, por ejemplo, cuando uno oye un chiste y se ríe, pero al cabo de un rato se pregunta, si alguien que está de duelo puede o debe reírse de los chistes. Cuando la persona está libre de culpa, también estas contradicciones internas se van.

En mi historia se produjo un dilema similar: ¿es posible estar de luto por la primera esposa y comenzar a enamorarse de alguien más? Para mi sorpresa, esto era realmente posible. Fue, entre otras cosas, una gran comprobación para ver, si de verdad me había podido librar de sentimientos de culpa en cuanto a mi relación con Teresa (cuando hablo de enamorarme de alguien más, me refiero a que a mí me sucedió con quien llegó a ser mi segunda esposa: Ester).

6. EL CONSUELO DE DIOS

El duelo bien manejado nos lleva por un camino que comienza en la confrontación con el dolor y llega hasta el encuentro con el consuelo de Dios... o mejor dicho, con el Dios de toda consolación.

«Bienaventurados los que lloran, porque serán consolados» (**LBLA**). La palabra griega que aquí se traduce como «consolación», es la misma que también se utiliza para el Espíritu Santo, (*paracletos*, que significa literalmente *llamado al lado* —de una persona—). En español esta palabra se podría traducir de varias maneras: asistente, consolador, defensor y abogado. En el Nuevo Testamento aparece en los siguientes pasajes: **Juan 14:16** y **26**; **16:7**; **1ª Juan 2:1**. Se refiere ya sea al ministerio del Espíritu Santo o del Señor Jesús. La felicidad de los dolientes verdaderos es que conseguirán su consuelo, su ayuda y su apoyo directamente de Dios. Los que están de duelo necesitan una experiencia con Dios, ser tocados por Él... Y al decir esto no estoy refiriéndome a más conocimiento teórico de la Biblia. Como ya se mencionó anteriormente, los dolientes han de abrir sus corazones para recibir este toque, pues tienen también la libertad de cerrarse como indica el **Salmo 77:2**: «mi alma rehusaba el consuelo».

Aunque ya hemos hablado sobre esto, tengo que reincidir en este punto: mientras sigamos culpando a Dios en nuestros corazones en forma directa o indirecta, tendremos dificultades para recibir ayuda y consuelo de Él. La pregunta es cómo manejar esos sentimientos cuya existencia y presencia no se pueden ni se deben negar. Muchos cristianos tienen el conflicto de que por su conocimiento de la Biblia saben que Dios no puede tener culpa de nada, pero en sus sentimientos se encuentran confrontados con tales pensamientos.

Entonces, ¿se puede poner a Dios en cuestión? El error común que se comete aquí es poner a Dios en cuestión en nuestras conversaciones con otras personas, en lugar de tener esta conversación directamente con Él. Dios no tiene ningún problema con el hecho de que le digamos abiertamente que nosotros no lo entendemos o incluso que consideramos malas sus actuaciones u omisiones. En algunos pasajes de la Biblia Dios invita a tener una conversación como esta: «Hazme recordar, entremos juntos a juicio. ¡Habla tú para justificarte!» (**Isaías 43:26**). En los Salmos encontramos verdaderas lamentaciones, las cuales se dirigen en contra de Dios, y es bueno decir que Dios no tuvo ningún problema con que estas fueran incorporadas a las Sagradas Escrituras. Los **Salmos 13** y **88** son dos ejemplos muy claros. Uno de los libros de la Biblia inclusive se llama «Lamentaciones». Lo importante de estos pasajes bíblicos es que son oraciones o canciones que fueron dirigidas a Dios. El sufrimiento humano es, desde la caída del hombre en **Génesis 3** algo de lo que nadie se va a librar durante toda su vida. Dios puede y quiere ayudarnos, porque Él también conoce el sufrimiento. La decisión es, si sufrimos con Dios o en contra de Él.

El dolor de la pérdida es, entre otras razones, tan grande, porque solo podemos juzgar el evento desde nuestra perspectiva humana, la cual es limitada. Dios lo ve todo, lo sabe todo y lo entiende todo. Cuanto más vemos las cosas como Dios las ve, más podemos recibir consolación. El **Salmo 36:9** dice: «porque contigo está el manantial de la vida; en tu luz veremos la luz.». Los ojos del corazón tienen que estar abiertos, y esto sólo se da en estrecho contacto con Dios.

7. UNA NUEVA ETAPA EN LA VIDA

El dolor que causa la pérdida de un ser querido puede ser tan fuerte que uno ya no puede encontrar un sentido en seguir viviendo. Este sentir no es el mismo de quien desea morir. Solamente se trata de sentimientos que no permiten encontrar un sentido en la vida. Esta carga se lleva encima a pesar de que la persona aún tiene más de una razón para seguir viviendo. En mi caso era el hecho de tener dos hijas (una de ellas embarazada), un yerno, y la iglesia que pastoreaba. Pero a nuestros sentimientos no les interesa la lógica y los buenos argumentos.

Definir la vida de nuevo es difícil, pero llegará el momento en el cual será imprescindible. Una razón por la que los que están de luto se niegan a encontrar un nuevo sentido es porque temen de que al hacerlo se empiecen a alejar del difunto. Las emociones son lo único que nos conecta con la persona que se ha marchado. Es todo un dilema... pero es necesario que lo enfrentemos. En el proceso del duelo percibimos, conforme avanza el tiempo, que la persona difunta se va alejando de nosotros, así como alguien que poco a poco desparece en la neblina. Uno la quiere detener, pero no se puede, y tampoco es bueno detenerla.

A través del duelo Dios quiere guiarnos en una nueva fase de la vida, que, en algunos aspectos, va a ser mejor que la que hemos vivido. Esto ciertamente no es tan fácil de entender, pero si el duelo se maneja de manera correcta puede hacernos mejores personas. Hoy puedo decir que después de la muerte de mi primera esposa me he convertido en una mejor persona. Entiendo la bondad de Dios hoy mejor que antes, estoy más tranquilo, y, por ejemplo, tomé la decisión de ya no discutir o pelear por futilidades.

Una de las funciones más importantes de la iglesia y de cada cristiano en este mundo que está lleno de dolor, es ser testigo de la realidad de Dios. El que ha pasado por sufrimientos y ha experimentado a Dios en medio de ello, debería compartir su experiencia y descubrimientos con aquellos, que están pasando por lo mismo. ¡El sufrimiento ha amargado a demasiada gente! Los cristianos deberíamos salir fortalecidos y mejorados al final del proceso de duelo.

Las personas que han atravesado por la tristeza y que, echando mano de la paciencia, han hallado a Dios deberían compartir ese tesoro con aquellos que están sufriendo de una u otra forma. El sufrimiento amarga a las personas pero aquellos que tenemos fe deberíamos ser mejores personas después de atravesar por el valle del dolor.

«Bendito sea el Dios y Padre de nuestro Señor Jesucristo, Padre de misericordias y Dios de toda consolación, el cual nos consuela en todas nuestras tribulaciones, para que podamos también nosotros consolar a los que están en cualquier tribulación, por medio de la consolación con que nosotros somos consolados por Dios» (**2ª Corintios 1:3-4**).

REFLEXIÓN FINAL

Filipenses 4:6-7 habla de una «paz que sobrepasa todo entendimiento».

Alcanzar esa paz es una de las experiencias más valiosas que uno puede tener. Decir que hay una paz más allá de nuestro entendimiento implica que no vamos a poder comprenderlo todo y que tampoco seremos capaces de explicarlo todo.

Abrazar esa paz es una decisión de humildad que tiene que ver con confiar en la bondad y en la justicia de Dios... aunque no las entendamos. Al humilde Dios le da, como sabemos, gracia (**Santiago 4:6**).

ACERCA DEL AUTOR

Hans-Claus Ewen nació en 1958 cerca de Trier, Alemania. Creció en un hogar católico, pero durante la etapa de secundaria se volvió ateo. Siempre en búsqueda de la verdad, viajaba mucho durante su adolescencia (llegó a visitar dieciocho países del mundo hasta cumplir la mayoría de edad).

En un viaje largo por Estados Unidos en 1978, tuvo la experiencia de oír la voz de Dios en forma audible; aunque todavía no creía en Jesucristo, esta experiencia marcó un cambio en su vida. Viajando por México le nació el deseo de quedarse en ese país para asistir allí a la universidad, y con esta meta en mente se trasladó a Guatemala para estudiar español en febrero del siguiente año. Allí se enamoró de una de sus maestras, Teresa Aracely López, y terminó quedándose. Antes de casarse en julio de 1980 tuvo otro encuentro que cambió su vida: el misionero Elías Tepper le habló del Evangelio y Hans lo abrazó, feliz de haber encontrado al fin en la persona de Jesucristo la verdad que había estado buscando.

Durante 1980 y 1982 Hans y Teresa asistieron a dos escuelas de JCUM (Juventud con una misión) en Estados Unidos y Colombia.

Más tarde, y junto al pastor guatemalteco Julio Sosa, fundó la iglesia Tabernáculo de la Fe en Huehuetenango, Guatemala, pero a finales de 1989 Dios les guió para regresar a vivir a Alemania con sus dos hijas. Tras varios años de trabajo y estudio volvieron al ministerio a tiempo completo en 1998.

En el año 2000 plantó la iglesia Christliches Zentrum Hunsrück en Kirchberg, y cuatro años después la iglesia Oasis en Kastellaun.

Aparte de su ministerio pastoral Hans siempre se ha dedicado a la enseñanza de la Palabra de Dios. Ser trilingüe le ha permitido predicar y enseñar en trece países del mundo, y ha impartido varios cursos en institutos bíblicos.

En 2008 murió su primera esposa, Teresa, después de casi veintiocho años de matrimonio, por lo que atravesó un tiempo de profundo dolor. No teniendo el don de poder vivir solo, Dios le permitió encontrar a su segunda esposa, Ester, quien nació en Alemania pero tiene raíces sicilianas; ella ayudó a Hans en la labor pastoral durante los últimos seis años que estuvieron en la iglesia de Kirchberg. Hans cuenta que con sus esposas tuvo la bendición de «ganar la lotería» dos veces.

En junio del año 2009 Hans-Claus se casó con Ester Greco.

Actualmente desarrolla su ministerio de enseñanza viajando por diferentes países del mundo. Sus videos en YouTube y Facebook son vistos en más de veintiséis países del mundo.

OTROS LIBROS
DE HANS-CLAUS EWEN:

MÚSICA Y LETRAS